「この街」が大好きよ

森高千里

集英社

はじめに

２０１９年1月から12月までの約1年間、私は21年ぶりの全国ツアーで、日本国内36か所に行くことができました。誰もが知っている街だけでなく、今回は初めての街もたくさん訪問しました。せっかくなので、自分の足ですべての街を歩いてみよう……。この本は、そんな私が出会った街の記録です。

実は私が歌手活動の中で好きなのは「ライブ」です。なぜそんなにライブに魅了されるのか。そして歌を届ける旅に出たくなるのか。まずはそこから話をさせてください。

デビューした直後は、いろんなことに挑戦していました。映画、CM、レコーディング、さらにはテレビ、ラジオなど。

そんな中で、初めて経験した時から、「これをずっとやっていきたい！」と思えたのがライブだったんです。

初ライブの場所は渋谷。700人ほどのライブハウスでしたが、会場を埋め尽くすほどの方が来てくださった感動は忘れられません。「デビューしたての私の存在を、どうやって知って、わざわざチケットを買って、ここまで足を運んでくれたんだろう？」

会場にいるお客さん一人一人に、聞いて回りたいぐらい不思議な感覚でした。

そして何よりも、みなさんの前で歌うのが楽しかった！　緊張しすぎてライブの細かい内容はほぼ覚えていないのですが、終わってすぐに「次はいつできるんですか？」と、事務所の人に聞いていました。

そこからはもう、音楽一本に仕事を絞って、ライブを中心にやっていく歌手になりたいと思いました。ライブのためにレコーディングしていると言ったら過言ですが、「この曲だったら、ステージでこう表現できるんじゃな

いかな?」なんて考えながらレコーディングをするようになりました。

そして1992年には、女性ソロ歌手として初めて、全都道府県ツアーをさせていただきました。23歳の時です。

ツアーが始まる前に白地図を買って、ひとつの公演が終わるごとにその場所を塗っていこうと思いついたのですが、最初の一個を塗った時、まだ行っていない、真っ白な部分の多さに、全部埋まるのか急に不安が広がってしまい……、「うわ~! 余計なことをやらなきゃよかった!」と後悔しました(笑)。

そのツアーは、満席にならない会場もあったんですね。公演が終わるたびに、パフォーマンスや表現の仕方について悩んだことも多々ありました。でも「次に来る時は、ガラガラだった2階席をいっぱいにしよう!」「今日来てくださった方が、次は家族や友達を連れてきてくれるかもしれない」などと思いながら、反省点をパワーに変えていきました。本当に、ライブって同じものがないことが難しさであり、魅力だと思います。

全公演を終え、白地図を塗りつぶした時の達成感は、今でも忘れられないですね。

そして翌年も全都道府県を回らせてもらえることになり、日本中を回るライブツアーは、歌手としての私に、さらなる課題と自信を与えてくれました。

ただ1999年に結婚してからは、出産・子育て中心の生活をしていたので、しばらくライブからは遠ざかっていました。それが2012年のデビュー25周年を機に、また少しずつライブをやり始めて。ようやくステージの上に立つカンが戻ってきたなと思っていたところに、なんと今回の全国ツアーの話が舞い降りてきました。うれしかったですね。不安以上に「楽しみたい!」という気持ちが勝っていました。そして何よりも「20代の全

都道府県ツアーでは、できなかったことをしたい」と、強く思いました。
というのも20代の頃は、55か所60公演とか56か所61公演をそれぞれ約7か月で回った事情もあり、コンサート会場とホテルの往復で、街に親しむ時間が少なかったんですね。でも今回のツアーは約1年かけて36か所37公演。時間がある分、ゆっくりと街を回れるなと思い、ツアースケジュールを見てはワクワクしていました。

プライベートでも、よく散歩をします。真夏でなければ、いつもと違う道を1時間ぐらい歩いて家に帰ったり、「こんなお店があるんだ」「こんな脇道があったんだ」なんて見つけるのが楽しいですね。
今回は「街歩きをしよう」と決めたツアーでしたから、各地域の会館の方などに地元のおすすめ情報をもらったり、自分でも調べて、気になる場所、食べたい物をピックアップしてからお邪魔しました。一番にチェックしたのは、やっぱり「何がおいしいのかな？」ってことですね（笑）。
そして実際に行ってみると、調べていた以上に魅力的な場所やお店があったり、「コンサート、楽しみにしてました！」と温かく迎え入れてくださる人がいたりと、とにかく街を歩くのが楽しかったです。またライブでも、その街歩きのエピソードや、おいしかったものをＭＣで話したり、ライブで盛り上がる曲『この街』の曲中に地元の名産品をセリフに織り込んだりして、お客さんにとても喜んでもらったりしました。時々、調べすぎて地元のお客さんもあまり知らない場所に行くこともあって、ＭＣで伝えると「ぽか～ん」と、あまりウケなかったこともありましたが、それはそれで面白かったです（笑）。

ツアータイトルにもなっている『この街』という歌は、１９９０年に発表した曲です。

熊本から上京した私が地元へ帰るたびに、子供の頃遊んでいた場所がなくなっていたり、通学路だった田んぼの道にマンションが建っていたりして、ふるさとが変わっていくことに寂しさを感じていました。だから、変わらない方言の良さとか、生まれ育ったところの良さを思い浮かべて聴いてもらえる曲があるといいなと思い、想いを込めて作った歌なんです。

私も年を重ねてきました。今回は若い頃には見過ごしていたみんなの「この街」の魅力を発見しながら歩くことができました。「日本国内には、こんなに素敵な街がたくさんある！」という想いも込めて歌えるようになりました。聴いてくださる方も歌の主人公となって、歌詞に自分の街を重ね、それぞれの街の魅力を感じてもらえたらうれしいです。

この本は、そんな私の日本各地の街への愛が詰まった一冊です。

昔は活気があったであろう商店街に、人があまりいない風景もたくさん見ました。日本の街が同じ景色になっているのもすごく感じました。そういう時代だと言ってしまえばあまりにも寂しいのですが、古い建物をリノベーションして、もう一度、街を活性化しようとしている若い世代の人たちがいたり、良い変化が始まっているのも感じ取りました。ほんの一面ですが、この本は貴重な２０１９年の日本の街を紹介した本です。

全国の街がこれからどう変わっていくのか、元気な「この街」が戻ってくることを祈りつつ、楽しみに応援していきたいです。そしてこの本を手に取ってくださったみなさんが、まだ知らない日本の街の魅力に気づくヒントになればいいなと思います。

私が熊本を愛しているように、自分が生まれ育った街の素晴らしさに気づくきっかけにもなればいいなと思っています。

MORITAKA
CHISATO

CONTENTS

※この本で紹介している場所やお店、商品は2019年1月26日～12月21日の間に撮影、購入したものです。最新の情報につきましては、ご自身でお確かめください。

青森県・青森市

いつか見たい、ねぶたの美しさ

青森と函館を行き来していた連絡船、八甲田丸。その大きさに感動しました。

前の全都道府県ツアーから26年ぶりに訪れた青森では、青森港と駅の周りを散策しました。

元青函連絡船の八甲田丸はとても大きくて、船の前には石川さゆりさんの名曲『津軽海峡冬景色』の歌謡碑が。前に立つと歌が流れるのですが、予想外の大音量に驚きつつ、思わず一緒に歌ってしまいました。

またデザイン灯台が好きな人の間では名高い、青森港北防波堤西灯台では、上品なたたずまいに心惹かれるものがありました。

そして青森といえばねぶた。金魚ねぶたの繊細な飾りを目にすると、受け継がれてきた技に思いを馳せずにはいられません。迫力のあるお祭りを、いつか見てみたいですね。

駅前のアウガという施設の新鮮市場は、珍しく地下にある市場で、小さなお店がいっぱい。ローカル色豊かで、海鮮も果物も加工品も、厳しい自然の中で丁寧に作られたものや、名産品が詰まった場所でした。

観光物産館アスパムの入り口で。
館内には、映像でねぶたが体験できるシアターもあります。

新鮮市場
入口
あおもり土産の
新鮮
Fresh

観光物産館アスパムから、聖徳公園、新中央ふ頭を抜けると西灯台に着きます。灯台までは遊歩道が続いていて、歩くとなかなかの距離でした（笑）。一気に灯台を目指すもよし、北の海を眺めつつ、のんびり向かうのも楽しいですよ。

新鮮市場ではお店の方におすすめを教わりながら、たくさん試食もしました。

ごちそうさまでした！

市場でおすすめされた、りんごジュース。特に「希望の雫」は旨みが凝縮されていておいしかった！

マーガリンとグラニュー糖を挟んだ、名物の「イギリストースト」。ジャリッとした食感がクセに。

青森らしいスイーツとしてりんごチップスも。サクサクと軽く、甘さと香りが口の中に広がります。

いかトンビとは、いかの口のこと。黒くて硬い部分を器用にはずす食べ方を教えてもらいました。

日本が誇るブラックホールの聖地
岩手県・奥州市

遊学館の中にはブラックホールの解析に貢献した「EHT Japan」メンバーの写真と記念撮影できる部屋も。チームに参加した気分に！

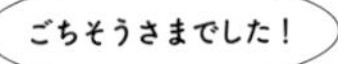

小松製菓の「割り醤せんべい」。味がしみてる。

細長〜い「きりんパン」。袋の絵もかわいいです。

ご当地カレーパン＆コロッケ。食べ歩き大好きです！

大谷翔平選手の出身地として有名な奥州市には国立天文台の水沢VLBI観測所があります。2019年の4月10日に観測所の国際研究チームが「世界で初めてブラックホールの撮影に成功した」と発表しました。

まず私が足を運んだのは奥州宇宙遊学館。大正10年に、日本初の国際的な観測所として作られた建物で、今は学習施設になっています。

そしていよいよ電波望遠鏡のある屋外へ。3m、10mと様々なアンテナがあり、一番大きな20mの電波望遠鏡は、銀河系の姿を捉えているとか。宇宙って未知の世界だけど、こうして最新の研究に触れることで視野が広がりました。親子連れで行くのもいいと思いますね。

そしてまちの駅水沢では、おいしいものも！カレーパンにコロッケといろいろ買って食べました。お土産も購入。この日は前日の青森のコンサートからの移動でしたが、荷物が大幅に増えてしまいました(笑)。

政宗公騎馬像がかっこよかった！

宮城県・仙台市

熊本城の近くで育ったせいもあり、お城の跡地や城下町は気になってしまいます！

デビュー間もない頃からキャンペーンで回らせていただいたりと、ご縁を感じる街ながら、仙台城跡へ行ったのは初めて。伊達政宗公の騎馬像は思っていたより大きくて迫力があり、市内の景色が一望できる気持ちのいい場所でした。

そして仙台は、定禅寺通のケヤキ並木も美しいですし、たくさんのアーケード商店街が連なっているのが魅力の街でもあるんですよね。かつて仕事でお邪魔した際に街を歩き、仙台七夕まつりの大規模な飾りつけに感動した記憶が蘇ってきました。

この日は仙台駅から一番近い、ハピナ名掛丁商店街から散策を開始。訪れたのがツアー最終日の12月21日だったこともあり、クリスロード商店街には、商売繁盛の福の神として知られる、仙台四郎さんをモチーフにしたサンタクロースがいました。さらに少し歩いた壱弐参横丁は、昭和な雰囲気が濃厚に漂う場所。古い井戸も見つけましたよ！

ごちそうさまでした！

牛たんの一仙で。とにかく肉が分厚くて、それでいて柔らかいんです。

ずっと気になっていた「ずんだシェイク」。想像通りのおいしさでした。

阿部蒲鉾店の「ひょうたん揚げ」。衣は甘くアメリカンドッグみたいな味。

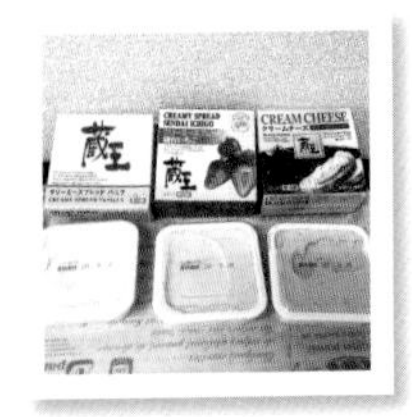

蔵王のクリームチーズ。ブラックペッパーは辛すぎず、特に好きでした。

クリスロード商店街には、仙台四郎さんをお祀りする寺院もあります。

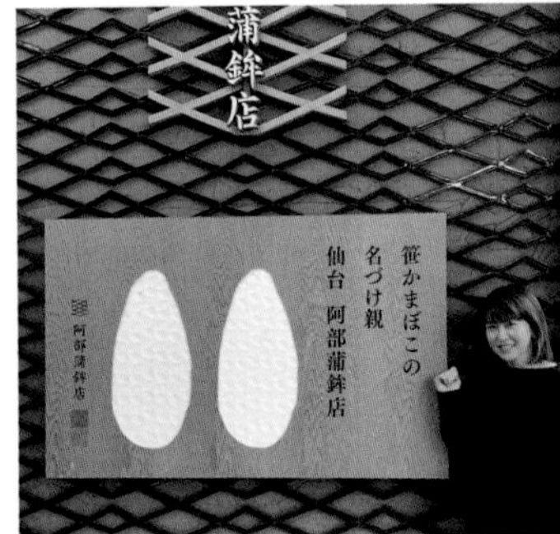

100軒以上ものお店が連なる昭和レトロな壱弐参横丁。地元の大学生とNPO法人が復活させたという古い井戸には、モザイクタイルとビー玉で竜神がデザインされていました。仙台の中心部＝都会のイメージが強いですが、こういうところも残っているんですね。

クラゲの幻想的な姿にうっとり

山形県・鶴岡市

経営の苦しかった水族館が、クラゲの飼育と繁殖を研究し、クラゲに特化することで世界一に！ 街も再生したんですよね。館内はライトアップもされ、水の中を漂うクラゲたちの姿は幻想的でした。

事前に調べてぜひ行きたいと思っていたのが、鶴岡駅から車で約25分のところにある、加茂水族館。ここは別名・クラゲドリーム館と呼ばれ、クラゲの展示種類が世界一を誇るところなんです。これだけの数のクラゲが水槽の中を漂っている姿は、芸術的な趣(おもむき)すら感じます。日本海を望むロケーションも素敵でした。

鶴岡は庄内平野の南西部にあり、日本有数の米どころでもありますが、土地の恵みを活かして、生物多様性の取り組みにも挑戦しています。

水田に浮かんで見えるように建てられた木造のデザイナーズホテルがあり、自然との調和を意識しているそうです。遥かに広がる収穫後の田んぼの中には、白鳥が落ちたお米を食べに来ているそうです。そーっと近寄り、写真を撮りましたが、気づかれて、あっという間に飛び立ってしまいました。すごくきれいで、生き物たちが豊かに暮らす姿を、目の当たりにすることができました。

北国らしい重厚な造りの建物がある地域でした。

後ろにたくさん飛んでいる白鳥、見えますか？

お昼は金沢屋で、庄内名物の麦切りを食べました。

建築家・坂茂（ばん しげる）さんが設計したSHONAI HOTEL SUIDEN TERRASSE。女子旅の目的になりそうなホテルです。

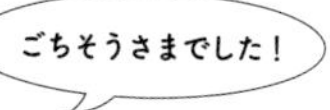

鶴岡名産の枝豆・だだちゃ豆が入っているスイーツ。ほんのりした甘みが後を引くおいしさです。

楽屋でいただいたラ・フランス。収穫は12月ぐらいまでということで、旬の味を堪能しました。

こんにゃくを甘辛く煮た郷土料理。温めても常温でもおいしくて、串に刺さっていて食べやすい！

小麦粉を塩水でこねて作る麦切り。歯応えがしっかりしていて、食べ応えのあるご当地麺でした。

自然も街も見どころいっぱい！

茨城県・常陸太田市

車で移動している途中に水田を見つけました。日本の初夏らしい風景に和みます。

訪れたのはGW明けの5月11日。ちょうど田植えが終わったばかりの頃でした。天気も良く、新緑が楽しめる場所として足を延ばしてみたのが、西山の里 桃源。春は梅、秋は紅葉、冬は雪景色と四季の風景を楽しむことができるそうです。近くには水戸光圀が晩年暮らしていたという西山御殿もあります。

歩いていて楽しかったのが鯨ケ丘商店会。古い蔵や民家を活かしたお店が多く、昔と今のいいところが共存している素敵な街でした。

さらに私が大興奮したのが、全日食チェーンというスーパーです。本社は都内にあるものの、茨城の金砂郷久米店の店舗は、お店の約半分がお惣菜コーナーで、納豆の種類と量も半端じゃないんです。特に気に入ったのは切り干し大根の入った納豆。こういうお店、あれば助かるし、いいなぁって思いました。

常陸太田市は、水戸藩ゆかりの伝統文化と現代が交錯する街でした。

西山の里 桃源では、きれいな
藤の花も咲いていました。

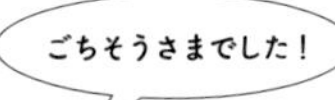

常陸太田駅から車で約10分の、そば園 佐竹の常陸秋そば。店の外には、水田が広がっていました。

納豆に切り干し大根を混ぜた「しょぼろ納豆」。大根のコリコリとした食感が絶妙でした！

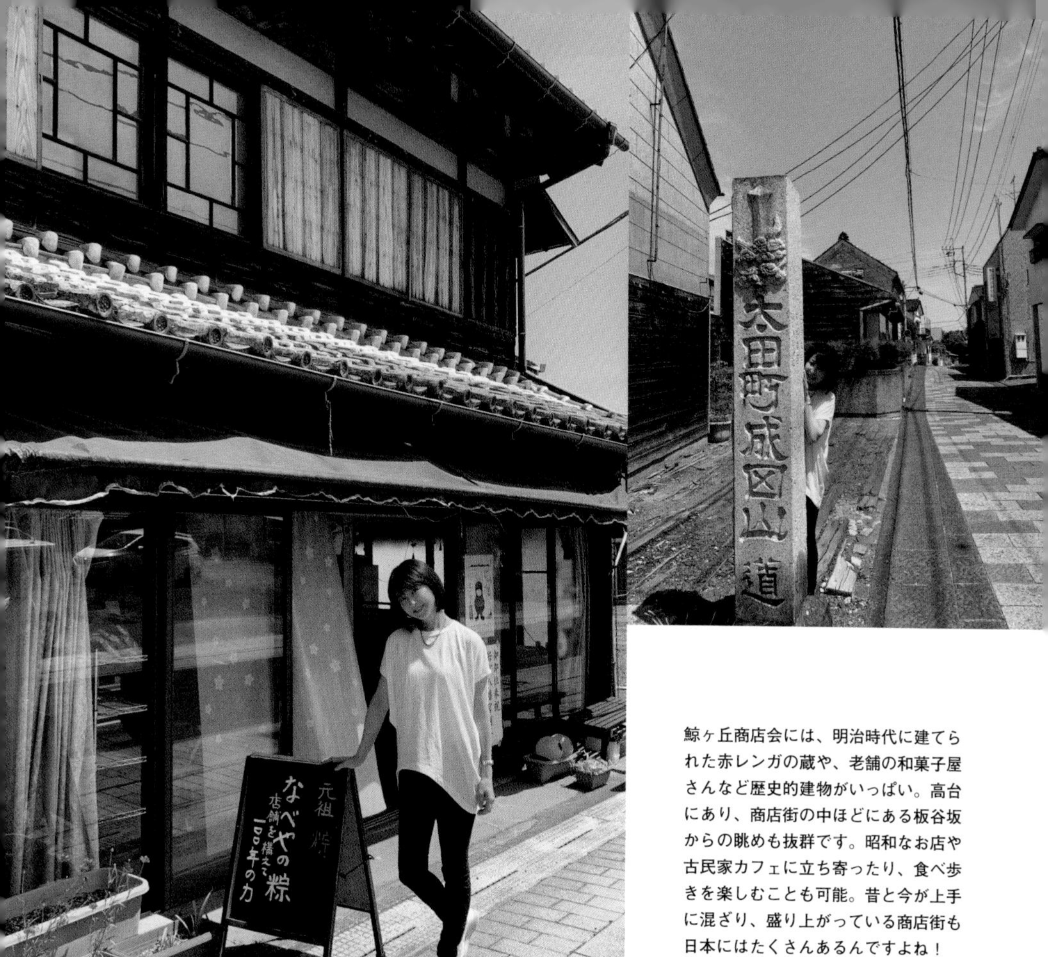

鯨ヶ丘商店会には、明治時代に建てられた赤レンガの蔵や、老舗の和菓子屋さんなど歴史的建物がいっぱい。高台にあり、商店街の中ほどにある板谷坂からの眺めも抜群です。昭和なお店や古民家カフェに立ち寄ったり、食べ歩きを楽しむことも可能。昔と今が上手に混ざり、盛り上がっている商店街も日本にはたくさんあるんですよね！

元祖なべやは明治8年創業。名物の太田ちまきは、水戸光圀の侍臣がこの地に持ち込んだそう。

形がかわいい、くじら屋の「くじら焼」。たい焼きよりも、少しふわっとしている感じです。

栃木県・栃木市

眺めも抜群！ 太平山神社

本殿前の「撫で石」をなでると、災厄を祓い、霊験を得られるとか。

太平山の山頂にある太平山神社。栃木市の中でも有名な場所だと聞き、訪ねました。桜や紫陽花の名所でもあり、登山口から1時間以上かけてハイキングしながら参拝する人もいるようです。私は近くまで車で上がりましたけどね（笑）。標高341メートルほどの山ですが、関東平野が一望できて素晴らしい眺めでした。

神社にはいろいろな神様がお祀りされていて、御神石もあり……。どこにお参りしていいのか迷ったほど。芸能の神様もいらっしゃいました。

神社近くのお茶屋さんでは、太平山だんご、玉子焼き、焼き鳥が三大名物なのだとか。私もしっかりといただいてきました。

その後、蔵の街、嘉右衛門町へ。ここはかつて日光東照宮と京都をつなぐ宿場町で、今は国の重要伝統的建造物群保存地区に指定されています。映画のロケなどにも、よく使われているというのも納得の、江戸情緒残る街並みでした。

太平山から関東平野を一望して、気分爽快。右下の3枚と左の写真は、嘉右衛門町の油伝味噌（あぶでんみそ）というお味噌屋さんで撮りました。

油伝味噌の一角にある、田楽あぶでん。名物の味噌でいただく豆腐、こんにゃく、里芋の田楽は絶品でした。

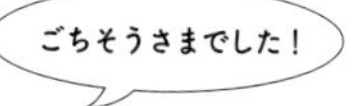

『ロックンロール県庁所在地』で歌っている、しもつかれ。実は今回、初めて食べました（笑）。

栃木名産「岩下の新生姜」。この日、新生姜ミュージアムでは私のCDをかけてくれていたそうです。

太平山神社由来の三大名物の中でも、好きだったのが玉子焼き。甘みがあり、おいしかったです。

栃木県に自生するきのこを使った郷土料理、ちたけ（乳茸）そば。素朴なきのこの出汁が香ります。

群馬県・桐生市

『渡良瀬橋』へと、つながる鉄道

銅色(あかがねいろ)のシックなカラーが味わい深い車両です。

私の曲『渡良瀬橋』のモデルになった橋は桐生市のお隣、栃木県足利市にあるのですが、その橋がかかる渡良瀬川沿いを走るのが、わたらせ渓谷鐵道。トロッコ列車の停車駅である大間々駅に行ってきました。残念ながら列車に乗る時間はなかったのですが、展示車を見学させていただくことに。普段はあまり見ることがないので、遠足のような、不思議な気持ちになりました。

桐生市の中心部には、昔の商家が保存されたエリアがあります。さらに絹織物の製造で栄えた街らしく、100年以上前に建てられた、ノコギリ型の屋根を持つ工場用の建物が非常に多く残っているそうです。自然災害もくぐりぬけて建っている姿は、何とも言えない迫力がありました。

そして桐生天満宮にお参りも。ここでは学問の神様・菅原道真が祀られており、受験生や資格試験に挑戦中の方にいいかもしれません。月に一度開かれる骨董市も有名です。

大間々
ワンマン
わたらせ
302

「トロッコわたらせ渓谷号」の始発・終着駅で、「トロッコわっしー号」の停車駅でもある大間々駅。かわいい駅舎とホームは登録有形文化財です。

桐生新町重要伝統的建造物群保存地区にある矢野本店にて。店舗は大正5年、店蔵は明治中期のものだそう。

直射日光を避けて光を取り入れるためのノコギリ屋根。正しい織物の色を見たり、騒音を和らげる効果があるそう。

桐生天満宮は街の中心部にありながら、緑の多い落ち着く場所でした。京都北野天満宮の御分霊が祀られています。

ごちそうさまでした！

黒糖風味がたまらない上州菓匠 青柳の「からっ風カリン」。かりんとうのお饅頭みたいなお菓子。

桐生天満宮の梅をかたどった小松屋の「花ぱん」。少し硬めで、パンでもクッキーでもない素朴な味。

藤屋本店の、桐生名物ひもかわうどん。幅広の薄い麺で、つるんとした喉ごしが楽しめました。

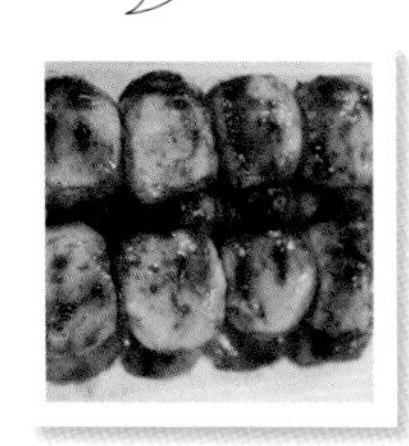

ふわふわのお饅頭に焦げ目をつけ、醤油だれをかけた前沢屋の焼きまんじゅう。甘辛い味が絶妙。

キュートなお富ちゃんとツーショット

群馬県・富岡市

明治5年に造られた日本初の官営製糸場。製糸技術の変遷や働く人々の生活が学べます。

一之宮貫前神社にて。右下の写真に見えるのが下り参道です。急なのが分かりますか？

都内から日帰りできる距離なのに行ったことがなかった富岡市。コンサートで訪れるのも今回が初めて。

一度行ってみたかった世界遺産の旧富岡製糸場は、赤レンガの建物だけでも一見の価値があります。製糸場の近くには小さなお土産屋さんが連なり、にぎわっていました。そこから歩いて数分のところにある、まちなか観光物産館 お富ちゃん家(ち)に立ち寄ったところ、製糸場で働いていた工員さんをモチーフにしたご当地キャラクター、お富ちゃんに遭遇。その姿がかわいく、思わずツーショット撮影。ここではシルクの石鹸やタオルなどの雑貨も買いました。

一之宮貫前神社(いちのみやぬきさき)は、参道正面から石段を登って鳥居をくぐったあと、参拝するお社(やしろ)まで石段を下りていくという珍しい造りの神社でした。「下り宮(くだりみや)」というらしいです。石段はどちらも急こう配なので、行かれる方は足元に気をつけながら、富岡の奥深い文化を感じてください。

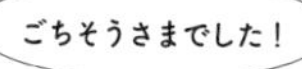

明治29年創業、吉田七味店の七味唐辛子。ご飯にかけてもおいしい。

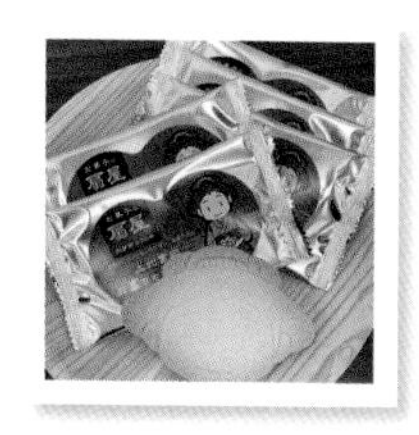

お富ちゃん家で購入。かわいくてお土産としても渡しやすいサブレです。

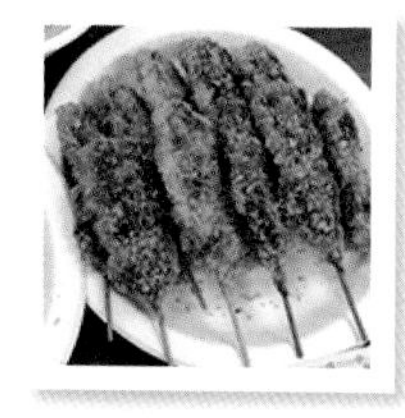

ご当地B級グルメのこんにゃくカツ。こんにゃく自体にもしっかり味が！

ラガーマン気分を味わいました！

埼玉県・熊谷市

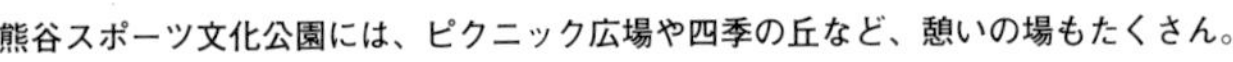
熊谷スポーツ文化公園には、ピクニック広場や四季の丘など、憩いの場もたくさん。

熊谷市といえば、夏の気温の高さが話題になる街です。訪れたのは12月だったので、日本一の暑さは体感できませんでしたが、ラグビーワールドカップの盛り上がりのあと、会場となった熊谷ラグビー場に行けてテンションが上がりました（笑）。

ラグビー場だけでなく、ドームや陸上競技場もある広大な熊谷スポーツ文化公園は、紅葉の名所でもあるようで、すごくきれいでした。

ぎりぎり残っていた秋バラは、道の駅めぬまの、めぬまアグリパークのバラ園で。ここには熊谷で生まれ、日本で最初の女医になった荻野吟子（おぎのぎんこ）さんの像もありました。

街の中心部にある星川シンボルロードを散策していたら、川面に鮮やかな反物装飾を発見。ウェルカムイルミネーションというW杯イベントの展示だったのですが、熊谷染という伝統的なものが、モダンなアートとして、商業エリアに彩りを添えていました。

まだ咲いている秋バラを、なんとか探して記念撮影（笑）。右下の写真の像が荻野吟子さんです。

ラグビーW杯時期の記念アート。この反物装飾は熊谷染の型紙を利用してデザインされたもの。とても目を引く、華やかな展示でした。

ごちそうさまでした！

妻沼(めぬま)聖天山の脇にある、聖天寿しの名物いなり寿司。大きい！

沢田本店の「ちーず大福」。苺のソースやブルーベリー入りもあります。

熊谷名物のフライ。お好み焼きよりも手軽に、おやつ感覚で食べるそう。

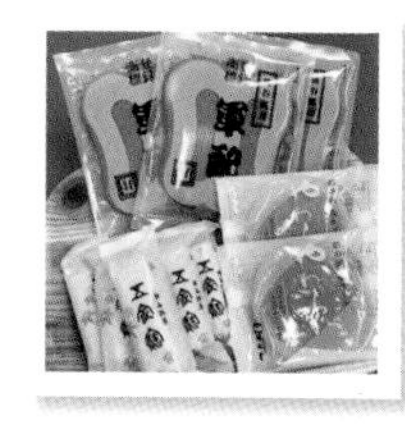

「軍配せんべい」「生サブレ」「五家寶(ごかぼう)」などの地元の銘菓。

埼玉県・狭山市

飲んでも食べてもおいしい狭山茶

ジュリーという店名もまたいいですね。洋品店の脇を入ったら、古いお寺がありました。

都心から車で約1時間の場所にあり、閑静な住宅街も多い狭山市。私が訪れたのは全国ツアーの初日で、ほどよい緊張感とともに、七夕通り商店街を歩きました。狭山市入間川七夕まつりの時期は、市民のみなさんによる七夕飾りで街が埋め尽くされるそうですが、さすがに1月、七夕の気配はありませんでした（笑）。そんな商店街に昔ながらの婦人服店を見つけ、私が小さい頃、熊本にもこういうお店がたくさんあったなぁと、懐かしくなりました。

自衛隊の入間基地が近いため、民家の真上を飛行機が飛んでいました。その一方で、商店街の脇には鎌倉時代から続くお寺も。

そして狭山の名物といえば、やっぱりお茶です。目覚めの一杯に緑茶を飲むことも多い私ですが、狭山茶はすっきりしている！　新狭山園さんで、茶葉から淹れたお茶をいただいて一息。羊羹も狭山茶も、とてもおいしかったです。

白あんに狭山緑茶をたっぷり練り込んだ、森乃家の「狭山茶ようかん」。

海もフラワーラインも気持ちいい！

千葉県・館山市

海の向こうに見える緑豊かな沖ノ島は、歩いて渡れる小さな無人島。

館山は海の街。撮影で行ったこともあるし、東京からドライブしながら行ける、気持ちのいい場所というイメージ。でもコンサートで訪れるのは、意外にも初めてでした。

海水浴場もある沖ノ島公園は、思ったよりも人が少なく、リラックスすることができました。7月半ばの梅雨明け前だったからでしょうか。

私が楽しみにしていたのは、みなとオアシス〝渚の駅〟たてやま。買い物ができる、海のマルシェたてやまと、房総半島の海洋文化に触れられる、渚の博物館（館山市立博物館分館）があるんです。マルシェにはマダーボールという小玉スイカをはじめ、名産品がいっぱい。博物館の入り口には、渚の駅の名誉駅長を務めるさかなクンのパネルもあり、親子で楽しめそうな施設でした。

ドライブにぴったりの房総フラワーラインを通り、会場近くでピーナッツソフトクリーム屋さんを発見！　地元の味を満喫した一日でした。

みなとオアシス〝渚の駅〟たてやまでは、館山おさかな大使のさかなクンに会えます。敷地内にはミニ水族館も！

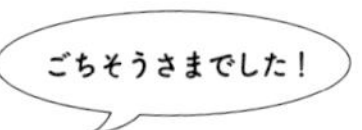

甘くて生でも食べられる白いとうもろこし、ピュアホワイトと、房総沖で獲れたアジのフライ。

千葉県といえば落花生。富士正食品の「ピーナツハニー」(写真右)は昔から給食にも出る一品だそう。

楽屋の差し入れでいただいた、びわゼリー。館山は、大粒でジューシーな房州びわの名産地です。

卵で巻くのが特徴の、千葉の郷土料理、太巻き祭り寿司。食べるのがもったいないかわいさでした。

海のマルシェ
たてやま！！
駅" たてやま
"渚の駅"たてやま
渚の博物館
NAGISA MUSEUM

皮が薄くて割れやすいので
でピンピンしないでね

ッツソフトクリーム
PEANUTS
ピーナッツアイスクリーム
(有)木村ピーナッツ
いらっしゃいませ
Peanuts
Soft
Cream
木村ピーナッツ

三軒茶屋は、昔も今も楽しい街

東京都・世田谷区

東京の人見(ひとみ)記念講堂は2日間公演。ツアーも中盤から終盤に入る頃だったので、ライブの構成をスペシャルバージョンに変えることに。衣装も変えて、ドラムを叩いたり、後半に激しい曲を入れたりと新しい準備もあったので、街歩きはお休みして、早めに会場入りしました。メンバーとの写真は本番前。ほかの写真はリハーサル中のものです。

会場のある三軒茶屋は、20代の頃、友達が住んでいたので、よく遊びに行っていました。駅の周りにお店もいっぱいあるし、庶民的な商店街も活気があって、居心地の良い、楽しい街だなぁと思います。今も、しょっちゅう通る街でもあります。

もう熊本よりも長く住んでいるので、私にとって東京は生活している街ですけど、仕事の場でもあり、すごく刺激的な街だと思います。お店もどんどん変わるし、飽きないというか。いろんな国に行っても、やっぱり東京は面白いですね。

いつも私に安心感を与えてくれるバンドメンバーたち。

ごちそうさまでした！

2019年にオープンしたタピオカ専門店の三茶ヤ。甘みのあるタピオカに抹茶味がおいしかった。

差し入れでいただいた、地元の老舗和菓子屋さん、玉川屋の大福。小ぶりで食べやすいです。

海はないけど、ビーチがある！
東京都・立川市

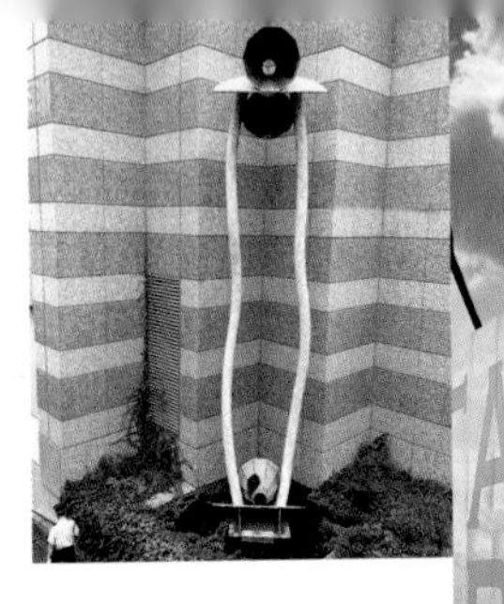

うどの生産量は東京一。シャキシャキしておいしかった、うどサラダ。

うどを使ったスイーツ。「ウドラ焼き」「うどパイ」など、種類も豊富。

昭和記念公園は日本でも有数の広さを誇る国営の公園。こんなに立派な公園が自分の住む街にあるなんてうらやましいです。

立飛（たちひ）という地名にかけているタチヒビーチは、2017年にオープンしたフェイクビーチ。ビーチスポーツや砂遊びができる人工の砂浜と、海辺の風景看板で、海のない街・立川にいながら、写真を撮るとちゃんと海岸になるんですって。人が多かったので私は覗いただけですが、予約制のバーベキュー会場があって、すぐ近くのららぽーとで食材も調達できて、楽しそうな施設だなって思いました（笑）。

また、立川駅の北口にあるファーレ立川は、パブリックアートに力を入れていて、街歩きをしながら109点もの現代アートが楽しめるそう。右下の写真はナイジェリアのアーティストによる肖像作品、一番上の写真は『17才』というタイトルの換気口だとか。興味深いですね。

四季折々の花、子供向けの遊具も充実している国営昭和記念公園。季節を問わず、足を運びたい場所です。

神奈川県・座間市

相模川の河川敷で、大凧揚げに感動

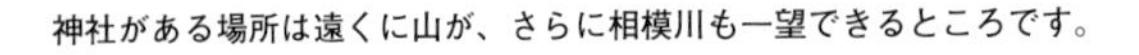

神社がある場所は遠くに山が、さらに相模川も一望できるところです。

座間には米軍基地があるので、アメリカっぽいところがあるのかと思っていたら、緑や川、豊富な湧き水が特徴の、のんびりとした街でした。

座間神社は、石段の周りがまるで小さな森みたいに感じられ、深呼吸したくなります。神社の石垣の下には御神水もありました。

相模川の河川敷、水と緑の風広場から上流へ行くと、芝ざくらラインと呼ばれる花の名所があると聞いたのですが、4月下旬では少し遅かったようです。想像以上に広い場所だったので、満開の頃はすごくきれいでしょうね。

そして振り返ると、広場には凧揚げをする人たちの姿が。めちゃくちゃ大きな凧で、テレビで見たことのある大凧まつりの練習かと思ったら、本物はもっと大きいと聞いて本当に驚きました。何人もの人が協力して揚げる凧を見ながら、「落ちたり折れたりしませんように」と願い、凧が揚がった時は感動しました。

座間神社

相模川左岸の堤防に約1.4キロ続く、芝ざくらライン。4月上旬にはピンクの絨毯が広がるそう。GWの大凧まつりといい、座間の春はにぎやかでいいですね。

「ザマオーレ」味のアイスキャンデー、おいしかった！

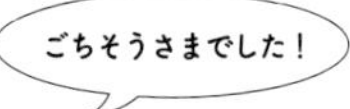

地下水「ざまみず」で作られたコーヒーノートの「ザマオーレ」。無糖と加糖があり、無糖を購入。

コッペパン専門店こぺてりあのパン。いろいろある中でも、「揚げパンきなこ」が一番好きでした。

COLUMN 1
「顔はめパネル」から こんにちは

観光地によく置いてある、顔を入れて記念写真を撮るための「顔はめパネル」。ご当地の有名人や名産品が描かれていて、ユニークなデザインのものが多いですよね。一時期、衰退したけれど、ＳＮＳの時代になって、また復活のきざし。私も見つけたらついやらずにはいられません(笑)。ということで、今回見つけた個性豊かな顔はめパネル。その街の誇りを、ぜひ感じてみてください！

ようこそ！越中砺波市

富山県砺波市の名物・大門素麺。資料館の前にはこんな顔はめパネルが。生まれて初めて素麺になりました(笑)。

（右上）岩手県奥州市の国立天文台 水沢VLBI観測所では、電波望遠鏡の前に顔はめパネルが。今回、最初に挑戦した顔はめがコレ。（上）鹿児島市の歴史ロード「維新ふるさとの道」では、大河ドラマに出演した気分に。西郷どんと島津公との3ショット、どうでしょう!? （右）千葉県館山市ではピーナッツソフトクリームにもなりました！

展望室から佐渡島（さどがしま）も見える！

新潟県・新潟市

NIIGATA

日本海側随一の高さを誇るBefcoばかうけ展望室。右の写真は佐渡汽船のターミナルにて。

コンサートやキャンペーン、テレビのお仕事でも何度か行かせていただいていた新潟。でも街歩きは初めてで、新鮮でした。

まずはホテル日航新潟の31階からスタート。地上125メートル、360度パノラマのＢｅｆｃｏばかうけ展望室からは、佐渡島も見えます。宿泊者でなくても無料で景色を楽しめるんですよ。私が訪れたのは七夕の前だったこともあり、展望室の中にあった、星の形のおせんべい「星たべよ」のキャラクターは、季節にぴったりでした。

次に向かった佐渡汽船のターミナルは、空港のようでした。

新潟市は県庁所在地ですし、現代的なイメージが強かったのですが、一方で、萬代橋（ばんだいばし）のような石造りで風格のある建造物もあり、多面的な魅力を持っている街です。おせんべいにおそば、甘いものと、街歩きをしながら試食をしたりお土産を選んだり、のんびりできました。

日本一長い信濃川に明治からかかる萬代橋。現在の三代目萬代橋は昭和4年に竣工。万代町通り商店街や近くの住宅街も、落ち着いた雰囲気。

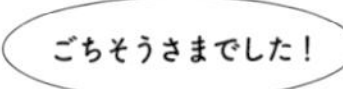

あま太郎の、小ぶりでおいしいたい焼きと、笹だんご。昔から愛されている、人気のお店だそう。

濃厚な味に惹かれ、東京でも購入しているヤスダヨーグルト。地元で出合えてうれしかったです。

阿部幸製菓の「柿の種のオイル漬け」。ラー油に浸かっているのに柿の種がカリカリでおいしい！

名物のへぎそば。越後十日町小嶋屋 新潟店で。この盛り方は、食べた量を把握できていいですね。

（左上）佐渡汽船ターミナルのお土産屋さんにて。

（下）あま太郎はタクシーの運転手さんに教えてもらいました。

富山県・砺波市

散居村の自然と人の共生に感動

TOYAMA

清流庄川のダム。美しい水を活かした大門素麺も有名で資料館もあります。

砺波市はチューリップの球根の生産地として知られますが、家々が寄り集まった集村ではなく、それぞれに水田と屋敷林を持つ家が点在する「散居村」が日本最大規模で広がる地域としても有名です。

そんな砺波平野の農家と農作を守るために作られたダム、庄川合口堰堤(舟戸ダム)も迫力がありました。近くにはダム湖や、富山さくらの名所50選に指定されている舟戸公園・庄川水記念公園も。砺波エリアの見どころをチェックしたい方は、道の駅庄川の看板がおすすめです。

今回は6月下旬ということで、さくらやチューリップには間に合いませんでしたが、ラベンダーが咲いている風景にも出合いました。

砺波駅を出てすぐにある、となみ駅前商店街では、七夕に向けて飾りつけをしているところがあり、手作り感あふれる装飾に心が和みました。砺波市、自然も人のぬくもりも感じられる素敵な土地でした。

国道
359
ROUTE
となみ夢の
コスモス
水生植物園
花しょうぶ
夢の平 コスモス荘
散居村展望台
千光寺
開基1300年
真言宗の古刹
砺波ロイヤルホテル
寺尾温泉
鮎釣解禁
6月下旬
弁天温泉
三谷
雄神大橋
雄神橋
パットゴルフ場
春・江戸彼
庄川峡
毎年4月
越中庄川荘
ゆずの郷
やまぶき
庄川
川金
弁財天公園
舟戸橋
舟戸ダム
庄川温泉郷
ゆめつづり
花火
高あんどん
光祭
庄川水記念
庄川
味処、食べ処
いっぱい
庄川水資料館
庄川美術館
庄川大仏

展望台から散居村を一望。水田、住宅、屋敷林が点在する風景は圧巻でした。砺波チューリップ公園は建物もチューリップ。駅前商店街で杵と臼のオブジェが目を引く天野餅店は明治34年創業の老舗。

となみ駅前商店街の手作りの飾りつけで、私も七夕気分を味わいました。

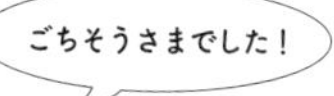

河合菓子舗の「三色チューリップ」。その名の通り、立体的なチューリップの形をしたもなかです。

白と黒、2種類あったとろろ昆布のおにぎり。楽屋でいただき、おいしかったので昆布をお土産に。

お土産に購入した大門素麺。お昼に、農家レストラン大門で出合い、コシのある麺の味に感動！

富山といえばます寿司。東京でも買うことはできますが、本場で食べたらやっぱりおいしかった。

石川県・金沢市

金箔、茶屋街、市場に興奮！

金箔の厚さは、わずか1万分の1ミリなのだそう！

金沢といえば金箔のイメージだったので、事前に調べて気になっていたのが安江金箔工芸館です。時間的に回れるか不安だったものの、移動中に見つけて駆け込みました。金箔をテーマにしたミュージアムはここが国内唯一。親子で金箔貼りが体験できるイベントなども催されているようです。

街並みが国の重要伝統的建造物群保存地区になっている、ひがし茶屋街はもちろん、にし茶屋街にあった小さな待ち合わせスペースにも城下町・金沢の趣を感じました。住宅街の何気ない木造の建物でも、造りが素敵だったり、京都とはまた違う懐かしさがありました。

そして楽しかったのが、金沢市民の台所、近江町市場です。活気があって、干物や乾物など、結構買いましたが、もっといっぱい買いたかった（笑）。おいしいもの、美しい街並み。いくら時間があっても、回り足りない街でした。

(上)にし茶屋街にある和テイストな休憩所。(右下)今回の会場、本多の森ホールは兼六園にもほど近い。

楽屋でいただいた烏鶏庵の「烏骨鶏かすていら金箔」と、中田屋の「きんつば」。地元の銘菓です。

近江町市場で食べた金箔ソフトクリーム。味はしませんでしたが豪華さに気持ちが上がりました。

右ページ上の写真は、楽屋前でのオフショット。近江町市場は、金沢市の中心部にあり、2021年には300周年を迎えるそう。魚介、野菜、果物、お菓子など約170のお店が立ち並び、お寿司屋さんなど行列のできる飲食店も。金沢は訪れたことがあったものの、市場へ足を運んだのは今回が初めて。それはもう、楽しかったです！

武田信玄ゆかりの善光寺へ

山梨県・甲府市

甲府駅から車で約12分。JR身延線の善光寺駅からは歩いて7分ほどです。

善光寺といえば長野県（信濃）のお寺が有名ですが、甲斐善光寺も木造建築の立派なお寺でした。地元の名将・武田信玄が、川中島の戦いの時、信濃善光寺の焼失を恐れてご本尊などを移し、創建したのが始まりだとか。観光地というよりは、もっと素朴で、のんびりと参拝ができる場所でした。4月半ばのこの日は天気もすごく良くて、気持ちのいい、まさに散歩日和の一日でした。

甲斐善光寺からほど近い、山梨県の地場産業センター、かいてらすでは、大好きな信玄餅をはじめ、おいしいものをたくさん購入しました。お昼に、初めて食べた鳥もつ煮も、とてもおいしかった！　周りには桜の花や桃の花、遠くに富士山も。青空に映えて美しかったです。

甲府市の中心部は、県庁所在地だけあって、やっぱり都会。駅前から延びる道路も広く、岡島百貨店を中心とする繁華街は、地元の人でにぎわっていました。

かいてらすの玄関前にどーんと置かれた水晶の原石。山梨県は昇仙峡などで産出された水晶を加工する技術から、研磨宝飾品が有名になったそうです。

東京から向かう特急あずさの車窓から。富士山＆桃畑は山梨県ならではの絶景です。

もちもちした太めの麺とかぼちゃや季節の野菜を煮込んだほうとうは、いつ食べてもほっとする味。

金精軒の「極上生信玄餅」。ぷるんとした食感がたまりません。前から好きで今回はリピート買い。

黒蜜、きなこ、お餅が入った、桔梗屋の「信玄餅アイス」。抹茶味と塩あずき味もありました。

B-1グランプリで有名になった、ご当地グルメの鳥もつ煮。甘辛くてこってり、好みの味でした。

長野県・長野市

善光寺の包容力と参道の活気

NAGANO

七味唐辛子にごまがたっぷり入った、八幡屋礒五郎の「七味ごま」。ふりかけとしてよく食べています。

白壁に瓦屋根の、レトロな善光寺郵便局。

長野の一大名所といえば善光寺。98年のツアー以来の訪問でしたが、うれしかったのは、以前よりも参道の商店街に活気があったこと！

迫力のある仁王像がいる仁王門を通り抜けて、善光寺と書いてある山門へ。石畳がきれいに敷き詰められていました。山門の先が本堂です。この日はまだツアー2日目だったので「ライブがうまくいきますように」とお願いしました。そして同行のマネージャーさんが参道で腰丈ほどの石柱にぶつかり、痛い思いをしてしまったので「大切な彼女の身をお守りください」と安全祈願も（笑）。

門前には、風情がある郵便局と懐かしい形のポストがありました。元は旅館だったという善光寺郵便局で、善光寺の風景印も人気だそうです。

そして江戸時代から店を構える唐辛子専門店、根元（ねもと） 八幡屋礒五郎（やわたやいそごろう）では「七味ごま」を購入。東京でも買っているお気に入りですが、やはり本店には特別感がありますね。

この日は粉雪が舞っていました。参拝客を迎え入れる善光寺の仁王門で。定額山とは善光寺の山号(さんごう)。右ページ上の写真の山門は登楼拝観できます。お戒壇巡りが有名な本堂は、さらにその奥に。

静岡県・裾野市

富士山から流れ込む迫力の滝

園内には2つの川が流れ、つり橋のほかに太鼓橋（夢の橋）も。新緑がきれいでした！

静岡県の東部、富士山のふもとに広がる裾野市は、緑と水がきれいな街。溶岩の崖を流れ落ちる、五竜の滝で有名な、裾野市中央公園へ行きました。

ＧＷ初日のこの日、滝壺の上にはたくさんの鯉のぼりがつるされていました。各家庭から市に寄贈されたものだそうです。

富士山の雪解け水が流れ込むので、4月の滝は迫力満点！　滝といえば山の中のイメージですが、公園を少し歩けば見られる手軽さはいいですね。つり橋を渡るのも楽しかった！……けど、足元が丸見えなので、高いところが苦手な方は気をつけて歩いてくださいね。

水がきれいなところはおそばがおいしいということで、お昼は恋路亭（こいじてい）さんへ。しいたけ100%の粉末を練り込んだしいたけそばを、サクサクの天ぷらとともにいただきました。

楽屋でいただいた水餃子やお豆腐もおいしかったです。

静岡県指定天然記念物の五竜の滝。名前の通りに5本の滝が流れていて、それぞれに名前がついています。滝の上流には住宅街が見え、この街ならではの風景を味わいました。

裾野市の郊外にある、古民家を移築したというおそば屋さん、恋路亭。広い店内は懐かしい雰囲気。趣がありました。

ふかしたものと揚げたものがある、ふる里の「手造り小麦まんじゅう」。ごまあんもあって好きでした。

清流の土地だけにお豆腐も有名なのだとか。木村商店という人気店の豆腐で作った麻婆豆腐です。

ご当地グルメ、すその水ギョーザをスープで。特産品であるモロヘイヤを皮に練り込んでいます。

ごちそうさまでした！

恋路亭の「きのこ天おろしそば」。しいたけそばはまいたけの天ぷらとも相性ばっちりでした。

静岡県・富士市

商店街越しの富士山は絶景でした

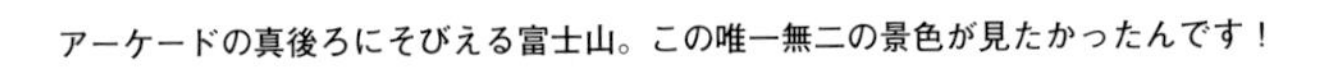

アーケードの真後ろにそびえる富士山。この唯一無二の景色が見たかったんです！

SHIZUOKA

4月に続き、2度目の静岡県訪問。ツアーも終盤の11月でした。今回の街歩きの本命は、富士本町商店街。富士駅からまっすぐ富士山に向かって延びる商店街で、富士山がとても近く、くっきりと見えるんです！

私が行った日もお天気が良く、向かう時から期待が高まりました。こんなに素敵な場所にある昭和レトロな商店街、もっとにぎわったらいいのにな……と思いました。

そしてさらに広見公園でも富士山のある風景を堪能。公園はかなり広く、富士市立博物館がある上に、歴史や文化が分かる市内の古い建物が移築されています。バラの名所とのことで、秋バラを期待していたのですが、残念ながら少し遅かったかな。富士山に目が行ってしまいますが、私の後ろのバラ、分かりますか？

新幹線でも飛行機でも、何度見ても心がときめく富士山。富士市は、そんな愛する富士山がいつでもそばにある、最高の街でした。

ごちそうさまでした！

人気お菓子「富士山頂」と、地元のラジオDJさんとの限定コラボ品。

サクサクしていて止まらない。岩本製菓の桜えび&しらすのかるせん。

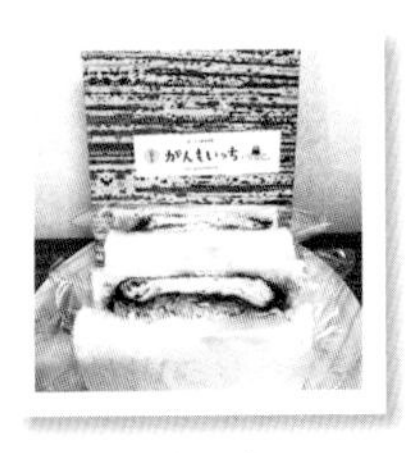

金沢豆腐店の「スイーツがんも」を挟んだ、甘辛い「富士がんもいっち」。

富士本町商店街は、想像していたよりも、長くて遠くまで続いている商店街でした。

田子の月さんの前で写真を撮ろうとしたら、小鳥がいました。おいで～。

愛知県・豊橋市

歴史ある建物も自然も暮らしの中に

街の中心部にある豊橋市公会堂。私が訪れた日は、イベントが開催されていました。

愛知県南東部にあり、東三河地方の中心都市である豊橋市。路面電車が走る、大きな街でした。

昭和6年に建てられ、今も当時の姿を残している豊橋市公会堂は、レトロ建築好きな方には特別な場所だと思います。半球のドームと鷲がシンボルのロマネスク様式で、想像以上に重厚感のある建物でした。一般公開されている場所なので、ぜひ中も見たいと思いつつ、この日は公会堂の横にあった、鷲の像の前でポーズを決めてみました(笑)。この2羽の鷲は、公会堂の外壁補修の際に、老朽化により屋根から降ろされた初代の鷲だそうです。

公会堂の向かいに広がる、地元の方の憩いの場所、豊橋公園に寄り道したあとは、アカウミガメがくる砂浜があると聞き、表浜(おもてはま)海岸へ。

街と自然、古さと新しさが共存していて、多面的な魅力のある街。住んでいる人の満足度が高そうな街だなと思いました。

ウミガメが産卵のために上陸する表浜海岸。遠州灘(えんしゅうなだ)に面しています。

餅菓子処 大正軒のみたらし団子。こんがりと焼き目がついていてほろ苦く、大人のお団子でした。

ご飯、とろろ、カレーうどんの順に器に入れる、豊橋カレーうどん。不思議な一体感があります。

道の駅 とよはしで買いました。焼き立てのちくわは、ふわっと香ばしくてボリューム満点でした。

和菓子の老舗、お亀堂がブラックサンダーの有楽製菓とコラボして、豊橋名物のあん巻きに！

豊橋公園へ立ち寄る前に、みたらし団子が有名な餅菓子処 大正軒さんへ。創業は明治9年なのだそう。注文すると、みたらし団子を自動で焼いてくれる回転式の機械が面白いんです。店の奥にある喫茶コーナーで、焼き立てをいただきました。

大好物のひつまぶしを堪能

愛知県・名古屋市

熱田神宮前商店街では「きよめ餅」や、POPOの「焼きたてメロンパン」を購入。

名古屋はコンサートでもよく訪れますし、日帰りできる便利な場所ですが、街歩きはほぼ初めてでした。熱田神宮は、1900年以上続く由緒ある神社。この日は七五三の着物を着た、かわいらしい子供たちがたくさんいました。

JR熱田駅と名鉄の神宮前駅を結ぶ熱田神宮前商店街は、長く続くアーケードが散歩しやすく、神宮小路（じんぐうこうじ）という、いい感じの提灯を下げた昭和な路地も発見しました。

そして実は私、20代の頃、ひつまぶしを食べるためだけに、友達と名古屋まで行ったことがあるほど、ひつまぶしが大好きなんです。今回は、あつた蓬莱軒の本店に行けてうれしかった！　うな重はそれほど食べないのに、細かく刻んだ薬味を混ぜたり、お出汁で食べたりと、自由に食べられるのがいいのかな？

味噌カツ、天むす、手羽先、エビフライサンド……名古屋グルメは、いつも楽しみ。どれも大好きです。

熱田神宮の境内で記念撮影。中は七五三のお参りなどでにぎわっていました！

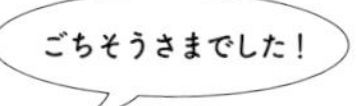

味噌カツも、安定の名古屋B級グルメ。どうやら私、名古屋のご当地料理が大好物みたいです。

地元の有名喫茶店コンパルのエビフライサンド。これも名古屋に行くたびに買うことが多いです。

大好きな、あつた蓬莱軒のひつまぶし。今回、初めて本店で食べることができました！

お参りのお土産として愛される「きよめ餅」。あんこ入りのシンプルなお餅で、柔らかくおいしい。

COLUMN

2

らくちん ファッションで 歩く歩く

今回の街歩きで着ているのは、すべて私服です。いつもステージでキラキラした華やかな衣装を着ているので（笑）、普段のコーディネートはガーリーよりもマニッシュ、カラフルよりも色味抑えめのものが中心です。移動や歩くことも考えて、シンプルで動きやすいアイテムをチョイス。どれも素の私らしいファッションです。

スニーカー大好き

街歩きのマストアイテム。ヒール靴も嫌いではないですが、子育てをするようになって歩きやすさ、動きやすさに開眼し、今や欠かせません。

デニム率高めです

スカートかパンツかといえば、断然パンツ派。中でも動きやすいデニムは私の定番アイテム。スキニーを中心に、シンプルにまとめています。

巻物はふわりと

着るものがシンプルな分、小物で色や遊び心をプラス。ストールやスヌードなど、大きめの巻物をふわっと巻くことが多いかもしれません。

スカートならロング丈

ツアーで移動が多い場合は、シワになりにくい服が重宝します。スカートをはく時は、柔らかい素材のロング丈を選ぶようにしていました。

古くて新しい、きれいな城下町

滋賀県・彦根市

彦根城は約20年の歳月をかけて、1622年に完成。琵琶湖八景のひとつでもあります。

一度は見たいと思っていた彦根城。姫路城や松本城とともに天守が国宝指定されている5城のひとつです。今回、お堀越しにでしたが、眺めることができました。私は会えなかったのですが、彦根城といえば、ご当地キャラのひこにゃんが有名ですよね。ひこにゃんは彦根城天守前や彦根城博物館に登場するとか。時間が決まっているので、会いたい人は調べてから行くといいと思います。

城下町として栄えてきた彦根。昔ながらの街並みを味わいながら観光するなら、夢京橋キャッスルロードがおすすめです。まるで時代劇のような建物が立ち並んでいるエリアですが、ただ古いだけではなく、きれいに整備されていました。お土産屋さんや飲食店など気になるお店がいっぱい。街をあげて力を入れているのがよく分かりました。

3月の、まだ肌寒い日だっただけに、名物の近江ちゃんぽんもおいしくて、体が温まりました！

夢京橋キャッスルロード。食べ歩きをし、お土産を買いながら、江戸時代の城下町の空気感を楽しみました。

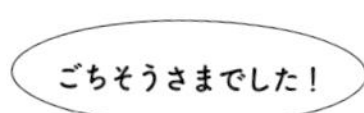

どら焼き虎てつの「ひこどら」と、いと重菓舗の「埋れ木」をお土産に。

牛肉もおいしい土地。楽屋でいただいた近江牛コロッケも美味でした！

ちゃんぽん亭総本家で。長崎のものと違い、和風醤油出汁が利いています。

念願の黒門市場で食べ歩き!

大阪府・大阪市

松屋町には、おもちゃや人形の専門店が並ぶ。大阪の人は「まっちゃまち」と呼ぶそう。

あべのハルカスは日本一の高さを誇るビル。左の写真は、あべのキューズモールの4階から撮影しました。

そんな高層ビルとは対照的だったのが、古いお屋敷を再生した複合ショップ「練」。松屋町という問屋街の近くにあり、昔ながらの風情を残そうと若い人たちが頑張っている感じで、とてもきれいな場所でした。

そして今回、一番行きたかったのが、テレビでもよく見ていたミナミの黒門市場です。活気あふれるお店の数々、おいしそうな食べ物。予想していた通り、歩いては食べ、食べては買い……と、食べ歩きや試食が大好きな私は、なかなか前へ進めませんでした(笑)。絶対に飲みたかった、果物屋さんのミックスジュースも、すごくおいしかったです。

大阪に来たら必ずたこ焼きは食べたいし、楽屋に入ってからも、デパ地下で買ったフルーツ大福やみたらし団子、差し入れの豚まんなどなど、食い倒れの街、恐るべしです。

なんと頭の中にうずらの卵が入っているイイダコ串。これも事前にチェックしていて食べたかったもの。お土産に買った京丹波栗の「焼ポン」は、私に気づいたお兄さんが、少しおまけしてくれました(笑)。そしてミックスジュースに大満足。

ごちそうさまでした！

たまに自分でも取り寄せたりするほど好きな、一心堂のフルーツ大福。

551蓬莱の豚まんと焼売。新幹線に乗る前、新大阪駅でよく買って帰ります。

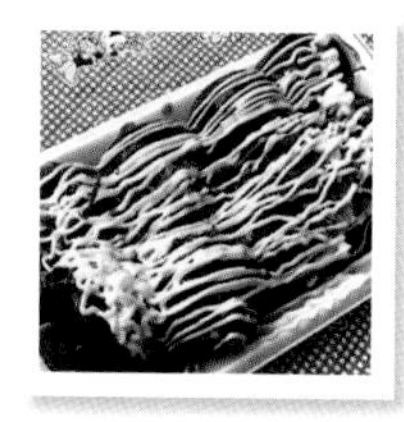

「練」の中にあったお店、宝や。のたこ焼き。マヨネーズ多めが好みです。

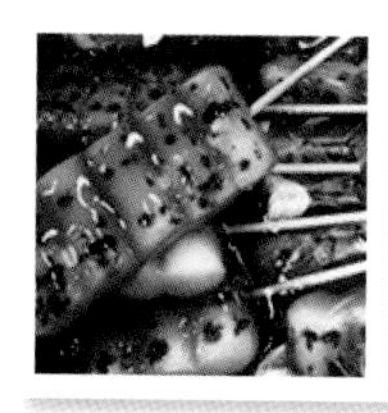

喜八洲（きやす）総本舗のみたらし団子。たれがからみやすい円筒状が特徴。

大阪狭山市

大阪府・大阪狭山市

日本最古のため池と、趣のある神社

狭山池は、一周約2850メートル。黄色い花もきれいでした。

ごちそうさまでした！

大阪名物、肉吸いは、肉うどんのうどん抜き。楽屋で初めて食べたのですが、すごくおいしかった。

金蜜屋の冷やし焼き芋。若い方がやっているお店で、パッケージのイラストもかわいかった！

大阪へ行くと、いつもお好み焼きかたこ焼きに走りがちですが、今回は楽屋で串カツも食べました。

OSAKA

大阪府の南河内（みなみかわち）地域に位置する大阪狭山市。日本最古のため池である狭山池は、１４００年も前から、農業用水をためる池として使われ続けているのだとか。私が行った日は風が強かったものの、池の周りは遊歩道が整備されていて、散歩やランニングに良さそうな、気持ちのいい場所でした。春は桜の名所としても人気だそうです。池の近くには安藤忠雄さんが設計した狭山池博物館があって、現代建築に興味のある人にもおすすめの場所だと思います。

三都（さんと）神社も歴史は古く、熊野詣でに向かう人々が立ち寄った神社として知られています。映画に出てきそうな、独特の趣が印象的でした。

そしてこの街でもやっぱりたこ焼きを（笑）。調べておいた大黒屋たこ彦さんで、たこせんを初めて食べました。えびせんべいにソースを塗って、たこ焼きをはさむのですが、すぐに食べないとふにゃふにゃになっちゃうので、ここだけの味です。

令和元年
御大礼

兵庫県・加古川市

戦前の貴重な社宅群と、愛されるパン

上の写真は外国人技術者の住宅だったニッケ社宅倶楽部。下の中央写真が春日神社。

兵庫県といえば神戸や姫路のイメージが強いですが、加古川市も見どころのある街でした。日本毛織が所有する、日本毛織（ニッケ）印南工場社宅群は、明治末期から昭和初期にかけて建てられた住宅が集まる貴重なエリアです。許可をいただいて社有地内を歩いてきました。未舗装の道路や、戦前の木造建築が残る街並みは、ノスタルジーたっぷり。不思議な感覚でしたね。

その社宅群の近くにある春日神社は、素朴さと静けさがまた良くて。勝負に強い猫の御霊も祀られているので、猫好きの方にもおすすめです。本当に小さい神社だったので、ライブでの反応は薄かったです（笑）。

地元の給食パンとしても愛されているニシカワ食品の直売店、ストレートショップには100円均一のコーナーもあり、バンドメンバーの分も含め、山ほど買ってしまいました。人気商品「鬼追い饅頭」にちなんだ鬼の看板もかわいかったですね。

住宅街の一角に突然現れる、
昔の社宅群。道路の舗装もさ
れておらず、当時の面影がそ
のまま残っていました。

ごちそうさまでした！

薄皮こしあんの「鬼追い饅頭」。ニシカワパンはパンの種類が豊富でした。

かつめしは、ビフカツにデミグラス系のソースをかけた、ご当地グルメ。

春光堂の「鹿児（かこ）のもち」。大正時代から愛される、老舗のお菓子。

駅近くから加古川の方向へ延びる寺家街商店街。洋品店や雛人形店など、昔ながらのお店が立ち並び、歩きやすいところでした。

ニシカワ食品の本社工場近くにある販売店。お店の前には鬼が。地域の伝統行事をモチーフにした「鬼追い饅頭」も有名な会社です。

兵庫県・たつの市

昭和の商店街と、白壁の城下町

昭和51年開業の龍野ショッピング。アーチ状の窓や赤瓦のデザインも個性的。

ＪＲ姫新線・本竜野駅から歩いて8分ほどのところにある龍野ショッピング。昭和の名残りが色濃く感じられる商店街でした。アーケード街に囲まれた三角形の広場には、昔のデパートの屋上にあったような乗り物が。ほとんど人がいなくて寂しかったのですが、なんとも味があって懐かしかったです。月に一度、フリーマーケットも開かれるそうですよ。

たつの市は、龍野城を中心として栄えてきた城下町。うすくち醤油発祥の地でもあり、古い民家や醤油蔵、白壁の続く街並みを歩くのは楽しかったです。初めて訪れた場所なのに、街中で「今日、コンサートに行きます！」と声をかけてくださる方が一番多かったかもしれません。

またたつの市は、有名な素麺ブランド揖保乃糸（いぼのいと）の産地でもあるんですよね。麺が細くて高級な三神（さんしん）という素麺と、手延べ素麺を生産する際にできる切れ端を使うバチ汁、どちらもしっかりといただいてきました！

ごちそうさまでした！

吾妻堂の銘菓「揖保乃鮎」（鮎もなか）と「ひしほ饅頭」（醤油まんじゅう）。

すくね茶屋で食べた三神。細〜い麺は、揖保乃糸の中でも、最高級品。

関西ではお馴染みののりのつくだ煮「アラ！」。ご飯と一緒に食べました。

写真上の吾妻堂は創業100年以上の和菓子の老舗。城下町散歩では、お醤油の自動販売機も発見！

龍野公園の中にある、すくね茶屋で、三神やバチ汁、山菜料理といった、地元ならではの味を楽しみました。

岡山県・岡山市

吉備津神社の長く美しい廻廊

吉備津神社は、JR吉備線の吉備津駅から歩いて10分ほどのところにあります。

岡山県といえば、桃太郎のお話が有名なように、歴史やロマンがあふれている場所。その桃太郎伝説のルーツとしても知られる吉備津神社は、まっすぐに続く360メートルもの長い廻廊がとても美しかったです。私がお参りした日は、境内で弓道の大会があり、廊下でお弁当を食べている高校生がかわいらしく、でもすれ違う姿は凛々しく感じられました。

岡山市を少し出て、赤米が栽培されている、総社市の田んぼも見に行きました。古代から神社に捧げられている貴重なお米だそうで、収穫前の稲穂は本当に赤いんです！

そしてお城の周りを流れる旭川から、岡山城を拝見。くっきりとした姿が見られてうれしかったです。お城のある街は、やっぱり熊本を思い出して懐かしくなります。

移動の途中、ドライバーさんに教えてもらった、えびめしがおいしかった。岡山後楽園は、また次に来た時にゆっくり歩きたいですね。

吉備津神社の本殿は、比翼入母屋造という日本唯一の建築様式で、国宝指定されています。そして本殿奥の南随神門から長く続く廻廊。この廻廊も、県指定重要文化財です。

日本三名園のひとつ、岡山後楽園。四季折々の花が楽しめ、毎年元日などには飼育されたタンチョウが園内を散策する姿も有名。次回はじっくり回りたいですね。

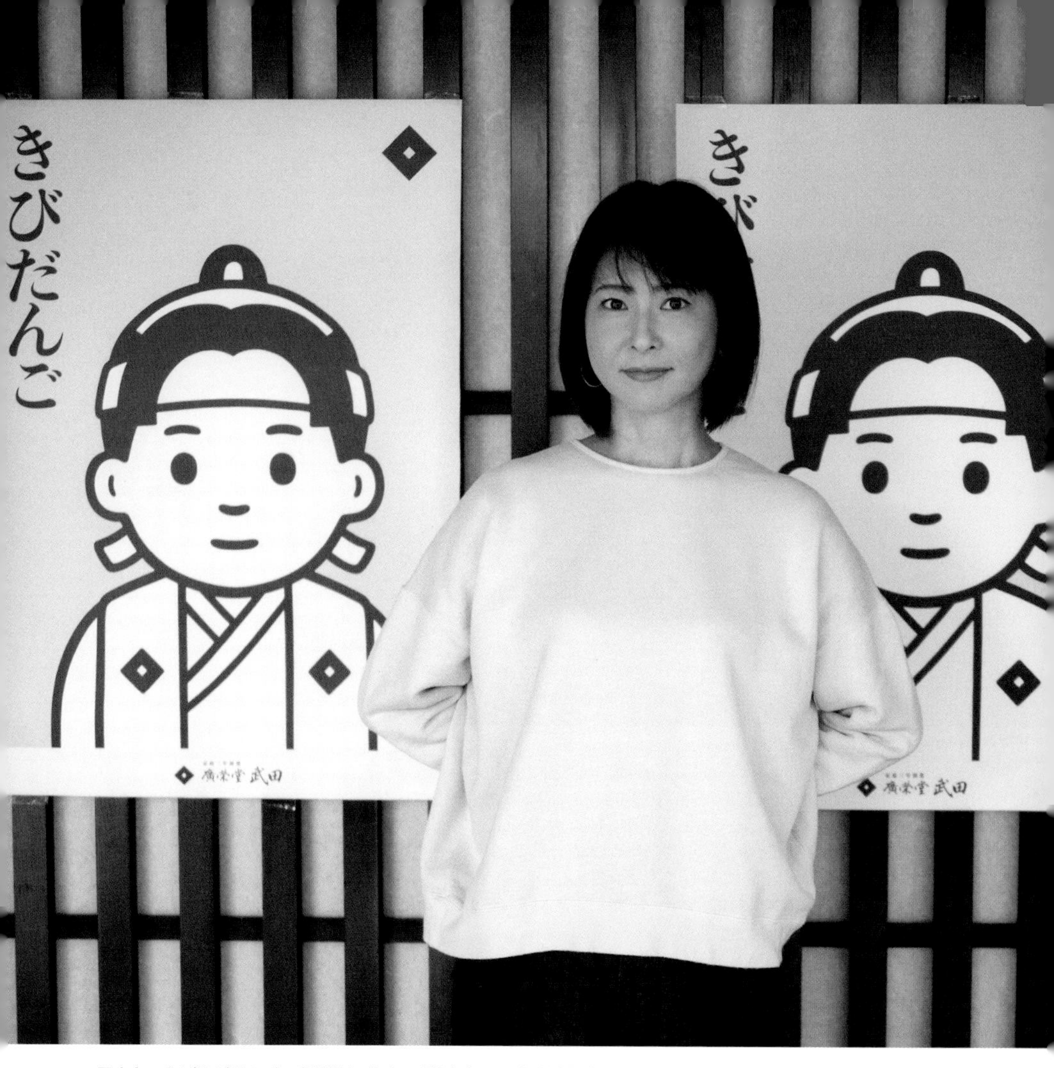

岡山といえばきびだんご。廣榮堂（こうえいどう）武田 岡山中納言店にて。桃太郎がかわいくて、写真をパチリ！

岡山後楽園の中にある四季彩というお店で食べた岡山ばら寿司。お祝い事の定番料理だそうです。

フルーツもおいしい岡山県。すごく大きなマスカットを楽屋に差し入れしていただきました。

黒いチャーハンのような、えびめし。デミグラスソースの味で、止まらなくなるおいしさでした。

市内ではいろいろなきびだんごが売られていましたが、パッケージ買いしてしまったのは、コレ。

広島県・三原市

心に残る瀬戸内の風景と、たこ

瀬戸内海国立公園の中にありながら、意外に人が少なくて、竜王山展望台、穴場かもしれません。案内板があるので、見比べて楽しめます。快晴というわけではありませんでしたが、かなり遠くまで見えましたよ。

三原市は広島県の南部、尾道(おのみち)市の隣にあり、四季折々、瀬戸内の風景が楽しめます。瀬戸内海国立公園にある竜王山展望台は、はるか遠くまで島々が見渡せる絶景スポット。『ひょっこりひょうたん島』のモデルといわれている島も見えましたよ。

そして漁港の街としても有名な三原には、おいしいものがたくさん！特に名物のたこは、脚が太くて短いので、味が濃く、プリプリしているのだそう。三原駅から港へと向かうマリンロード商店街には、いろいろな表情のたこのオブジェがあって、別名たこストリートと呼ばれています(笑)。さらにフェリー乗り場の案内板よりも目立っていた、たこ焼きの看板も必見です。わりとリアルな絵柄に目を奪われました。

粉ものが好きな私は、広島でもやはりお好み焼き！なのですが、三原焼きの存在は初めて知りました。中に鳥モツが入るのが特徴で、とてもおいしかったです。

三原駅から車で約15分のところにある須波港。ぶつ切りの大きなたこが入ったたこ焼きは、フェリー乗り場の中にある、すなみ港売店で。

たこストリートで、思わずにらめっこ？　右ページ右下の写真は、道の駅 みはら神明の里で「くりーむパン」を物色中。

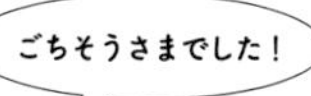

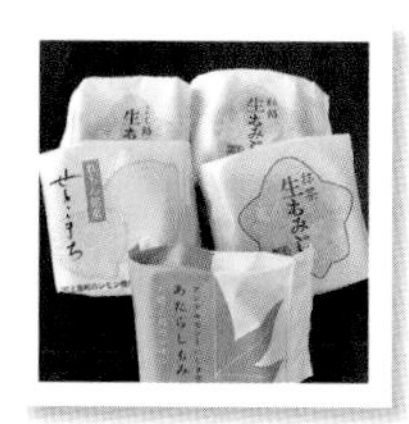

生もみじ饅頭や、瀬戸内レモンを使ったお菓子など、新しい和スイーツもいろいろありました。

すなみ港売店で買ったたこ焼き。ソースたっぷりで、たこの大きさは、看板にいつわりなし!?

三原から全国に広がった八天堂の「くりーむパン」。中にクリームの入ったメロンパンもありました。

お好み焼てっちゃん本店の三原焼き。養鶏場が多く新鮮な鳥モツが手に入ることから広がったそう。

徳島県・鳴門市

青空に映える大鳴門橋、最高！

私は千畳敷展望台から鳴門海峡と橋を眺めましたが、橋の中には遊歩道もあります。

快晴のこの日、鳴門公園から見た大鳴門橋が本当にきれいでした。うず潮も小さく写っているの、分かりますか？ もっと大きいのかと思っていたら、いくつも海面を渦巻く、小さいものもあるんですね。

実は私、大塚製薬のポカリスエット・イメージガールコンテストでグランプリをいただいたのがデビューのきっかけだったので、今回、ご縁のある大塚国際美術館に行くことができて感慨深いものがありました。陶板で再現した、原寸大の西洋絵画。世界の名画が一堂に見られる、素晴らしい場所でした。

そして街の中心部では、本町商店街で阿波踊りが描かれたシャッターを発見。後で調べたら、大道銀天街（だいどうぎんてんがい）からこのあたりにかけて、商店街を盛り上げようと、地元を愛する若者たちが企画した、シャッターアート・プロジェクトのひとつだったようです。ナイスアイデア！ つい踊ってしまいました（笑）。

徳島といえば阿波踊りですよね。商店街の遊び心が素敵！

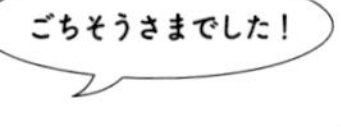

金時工房で食べた、鳴門金時の焼き芋。甘みが強くて、お店で作る味はおいしさが違いますね。

お昼に食べたらおいしくて、お店の売店で買って帰った「芽かぶドレッシング」。すだちも特産品。

うづ乃家という郷土料理のお店で食べた、鯛丼。新鮮なマダイと、甘口のたれがおいしかった！

竹に魚のすり身を巻きつけて焼く、徳島名物の竹ちくわ。思っていたよりも噛み応えがありました。

システィーナ・ホールはミケランジェロが天井画や壁画を描いたシスティーナ礼拝堂を再現。記念撮影ＯＫなのもうれしい美術館です。

棚田のコスモス畑に癒されて

愛媛県・西条市

遠くの山々も美しい、天川地区。5月にはレンゲの花も咲くそうです。

11月上旬に訪れた西条市。65枚の棚田があり、保存活動が行われている天川集落では、休耕田になった棚田に、春は菜の花、秋はコスモスの花を咲かせています。その天川棚田花祭りが行われているベストな時期に訪れることができました。棚田は誰でも楽しめるように開放されていて、通路にしゃがむだけで、こんな写真が撮れちゃうんですよ。

また、加茂川を流れる水が浸透して地下水の豊富な西条市は、パイプを打ち込むだけで水が噴き出す「うちぬき」でも有名です。今回会場だった西条市総合文化会館の前には、湧水モニュメントがありました。

そして愛媛といったらみかんですよね。一国屋さんという、みかんの直売所にも立ち寄りました。愛媛のみかんといえば、甘みが濃厚な、紅まどんなが大好きなのですが、このお店では、なんと紅まどんなのジュースを売っていたんです。大興奮して買ってしまいました。

西条市総合文化会館の周りには、うちぬきと親しむエリアがあり、地下水が飲める水飲み場もありました。

愛媛の柑橘農家の直売所、一国屋。柑橘類の種類が豊富で、とにかく安い！左下の写真は、西条紺屋町商店街で。

星加（ほしか）のゆべしの「一口ゆべし」。江戸時代から変わらぬ製法で作られている老舗の味。

右は温州みかんの極早生（ごくわせ）。一国屋オリジナルの完熟ジュースは温州みかんも買いました。

ごちそうさまでした！

楽屋でいただいたワタリガニ。実は愛媛の名物なんですね。スタッフみんなで分けて食べました。

COLUMN 3

まだまだ語り足りない食べ物の話

初めて食べたもの、ずっと前から好きだったもの。その街ならではの、名産品やご当地グルメの中から、私が実際に食べて、おいしいと思ったものを紹介してきましたが、限られたスペースでは、まだまだ語り切れていません！（笑）　味の記憶は強烈に残るし、その街の魅力をめいっぱい感じられるのが、食べ物だと思います。

焼いて食べたい、粒々のアーモンドバター

パンに塗ってから焼いて食べると最高においしいです。楽屋にトースターとともに準備していただきました。お隣、姫路市のカフェ・ド・ムッシュというお店のものですが、このアーモンドバターは、たつの市でも大人気だそう。

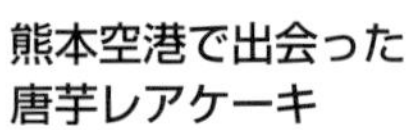

熊本空港で出会った唐芋レアケーキ

熊本空港で買って以来、大好きになったフェスティバロの唐芋レアケーキ「ラブリー」。中にクリームが入っていて、柔らかくて甘くておいしいスイートポテト。鹿児島のものですが、お取り寄せしたり差し入れにも使っています。

とろ〜り
なめらか！

思い出の味が蘇る青森のバラちらし

20代の頃、コンサートのあとに食べたお寿司屋さんのバラちらしが忘れられず、青森に行ったらぜひと思って探したのですが、そのお店はなくなったようで……。特徴を伝えたら、今回行った居酒屋さんが特別に作ってくれました。

ご当地スナックにも目を光らせてます！

甘いもののみならず、しょっぱい系も大好きです。特にポテトチップスなどのスナック類は、気軽に買えるし、ご当地ならではの限定品も多いので、必ずチェックしています。

富山県は
ポテチも充実！

ご当地ラーメンや地元の海鮮など組み合わせが柔軟！

徳島県鳴門市は、なんと渦潮とのコラボポテチが！

広島県三原市で。イカ天瀬戸内れもん味とミックス。

日本の個性あふれるカレーを愛してます

一番好きな食べ物は？と聞かれたら、私はカレーと答えるかもしれません。何も旅先でまでカレーを食べなくても……と思われそうですが、さすがアレンジ上手な日本人、ご当地カレーもたくさんあります。また、地元で大人気！というお店の味も気になります。というわけで、私が食べたカレーコレクションをご覧ください(笑)。

東京でもよく食べているゴーゴーカレー。味は変わらないけれど、金沢の本店に行ってみたくて、お昼に食べに行きました。カツの厚みがちょうどいい、カツカレーがお気に入りです。

ビッグベアーズ小倉本店の「門司港名物焼きカレー」。いろいろ食べてみたくて、3種類注文。チーズ焼きカレー、唐揚げ焼きカレー……あれ？　あと何だったっけ？

名古屋で食べたCoCo壱番屋の「カレーパンミート」。お店は全国にありますが、カレーパンがあるのは名駅サンロード店とセントレア店の2店舗だけだそう。

青森では地元の方にとって定番の味・味噌カレーミルクラーメンの、インスタント麺を発見。お土産用に買って帰り、子供たちにも好評でした。

千葉県館山市で買った、信田缶詰のサバカレー缶。なんといってもこのパッケージのデザインがかわいらしくて、食欲を刺激されました。

富山のレトルトカレー。カントリーキッチンの「しろえびカレー」と「富山ブラックスープカレー」。スープカレーは、たまり醤油が濃さの秘密。

福岡県・北九州市

安くておいしい食べ物がいっぱい！

新幹線も停まる小倉駅は都会的な駅でした。北九州市にはモノレールも走っています。

九州に着くと、「帰ってきたな」とほっとします。

小倉駅からすぐの小倉中央商店街の入り口にあるのが、昭和25年から続く老舗パン屋さんのシロヤベーカリー。名物の「オムレット」を買いました。一個40円のスイーツ、素晴らしいです。ライブで話したら、みなさん知っていました。

そして日本初のアーケード商店街である魚町銀天街へ。地元の方に愛されている場所なんですよね。太陽光パネルなどエコな取り組みもされていて、活気ある商店街でした。休憩所で私の公演ポスターを見つけ、うれしいような恥ずかしいような。一緒に写真を撮ってみました（笑）。

昭和な香りの旦過市場では、蒲鉾山吹で、お土産に「ちんぷら」という名の天ぷらを。九州では揚げた練り物のことを天ぷらと言う人が多いんですよ。私の実家では毎日のように食べていました。玉ねぎやさつまいも、紅ショウガ入りが好きですね。

魚町銀天街のメインの通りから脇道に入った鳥町食道街。にぎやかな飲食店が並びます。

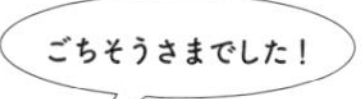

シロヤで人気のパン。手前の「オムレット」は箱買いする人が多かった！

楽屋で食べた資(すけ)さんうどん。ごぼ天うどんは博多の味です。

天ぷらはこのまま食べるもよし、焼き目をつけても香ばしくて最高です。

思い出が尽きない、私の『この街』

熊本県・熊本市

©2010熊本県くまモン

くまモンがライブの応援に来てくれました！　COCOSA（ココサ）は2017年開業の商業施設。

私の『この街』熊本で絶対に見てほしいのは、やっぱり熊本城。写生をしたり、二の丸広場から花火を見たり、何度も行った場所です。今は修復中ですが、その状況も含め、見てもらいたいかな。近くの加藤神社からは、お城全体を眺められますよ。

市内を走る路面電車は、かなり進化していました。形が違う～（笑）。そしてデパートといえば鶴屋。家族で行き、友達と待ち合わせをし……思い出は尽きません。

上通（かみとおり）アーケードの中にある大谷楽器は、私の原点かな。小さい頃からピアノを習い、ブラスバンドもしていたので、ここで楽譜を買い、発表会をして。高校時代にバンドを組んでからは、地下のスタジオで練習し、5階のペパーランドというライブハウス（今はホールに改装）でライブもやらせてもらいました。

変わらない蜂楽饅頭（ほうらくまんじゅう）の、お母さんが「おかえり～」って、笑顔で言ってくれたのはうれしかったですね。

熊本城
清正くん

PEPPER LAND
大谷楽器
管弦楽器フェア
開催中

はなまる堂
華まる堂
くまもと名物
いきなり団子

こむらさき
ひばち

上通は、街の中心にある商店街。アーケードの天井が高くて気持ちいい！

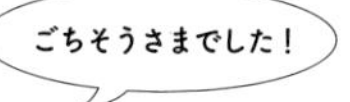

太平燕（タイピーエン）は具だくさんの春雨スープです。上京当時は、東京になくて驚きました。

熊本銘菓「誉の陣太鼓」。東京に来てから、熊本土産として「おいしい」と、よく言われます。

ポテトサラダを詰めて揚げた、ちくわサラダは、人気のお弁当屋さん、ヒライから生まれたお惣菜。

白と黒のあんがある蜂楽饅頭。学生時代は、よくおやつに買っていました。夏は奥でかき氷も。

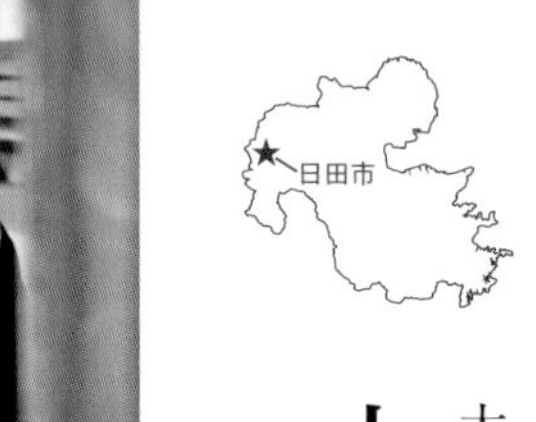

大人の街歩きにおすすめ
大分県・日田市

ごちそうさまでした！

今まで食べた焼きそばの中で、一番おいしいと思った「日田天領焼きそば」。

だんご汁は、白味噌に小麦粉を練っただんごが入った郷土料理。優しい味。

（写真右）170年以上の歴史を持つ日田醤油の配送車は、モダンでかわいいデザインカー。（写真中下）豆田町で見つけた、味わい深い薬局。

昔は、熊本や福岡から遠い街だと思っていたのですが、高速道路ができて近くなりましたね。九州はどんどん近くなっている気がします。

日田は、江戸時代から城下町として栄えてきた地域です。豊かな温泉にも恵まれていながら、観光地化されすぎていない雰囲気は、大人の街歩きにぴったり。

特に豆田町（まめだまち）は、白壁造りの商家など、昔の建物を活かしながら新しいお店になっていたりして、一軒ずつ足を止めたくなりました。ちょうど天領日田おひなまつりの時期だったこともあり、天領日田資料館や老舗の日田醤油では雛人形の展示が。軒下に下げられた桃色の提灯も、きれいに街を彩っていました。

地元の野菜や名産品の焼酎なども揃う物産館、元氣の駅では、無料で利用できる手湯や足湯もありました。お土産に味噌と醤油を購入。少し甘い味噌と濃いお醤油は、九州の味だなぁと思います。

川津治療院
御幸通り

郷土の誇り「西郷どん」がいっぱい
鹿児島県・鹿児島市

この道を通り抜けたところに、59ページで紹介した顔はめパネルもあります（笑）。

鹿児島は、帰省した時に両親を連れて温泉に行ったりして、大好きな街です。とはいえ、大河ドラマ『西郷どん』以降の盛り上がりは初めて見ました。

甲突川沿いの歴史ロード「維新ドラマの道」は、「維新ふるさとの道」に続く新しいエリアなのですが、面白かったのがシンボルゲート。6つの柱を左斜めから見ると西郷隆盛、右斜めから見ると大久保利通の肖像画が見えるというトリックアートになっているんです。ARを楽しめるモニュメントもあり、歴史とハイテクの組み合わせが新鮮でした。

鹿児島一の繁華街、天文館では、揚げたてのさつま揚げや、人気のかき氷を食べ、絶対に行きたかったブックカフェ、みなみ風へ。ここは126ページで紹介したフェスティバロの直営店で、ここでしか食べられない「あつあつ焼きたてラブリー」というメニューがあるのです！　とてもおいしくて感動しました。

鹿児島のシンボル、桜島。見晴らしの良い海岸で写真を撮ろうとしたら噴煙が……。鹿児島という場の生命力を感じた瞬間でした。

天文館むじゃきのかき氷、「白熊」。私が食べたのはミルクと蜜がかかったものですが、チョコレートや苺、抹茶ソースがけもあります。

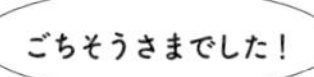

スイートポテトが熱いタルトに変身した、「あつあつ焼きたてラブリー」。

平田屋の「両棒(ぢゃんぼ)餅」。二本の刀を差す上級武士の姿が由来。

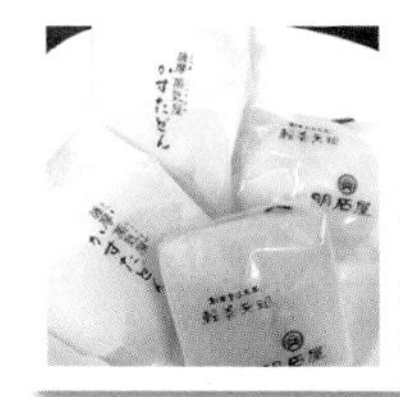

銘菓、明石屋の「軽羹(かるかん)」と、薩摩蒸氣屋の「かすたどん」。

おわりに

２０１９年の４月11日、「この街」ツアー中に50歳の誕生日を迎えました。「おめでとう」が照れくさい年齢ではあるものの、こうした節目の年に、直接みなさんにお祝いしていただけたのは、とても光栄でした。

1月から12月と、ほぼ1年をかけたこのツアー。旅先で出会う自然や、街のしつらいに、改めて日本の四季の美しさや、伝統行事の奥深さを知り、感動し続けた毎日でした。

実はこの２０１９年から２０２１年までの2年半で、全都道府県を回る予定でいました。が、残念ながら２０２０年のコンサートツアーは、新型コロナウイルスの影響で中止または延期となってしまいました。

この本で、２０１９年の私が歩いた日本の「街」を1冊にまとめられたのは本当にうれしいです。またみなさんの「この街」に行ける日を楽しみにしています。

森高千里「この街」TOUR 2019 全公演スケジュール

公演日	都市	会場	掲載ページ
1月26日（土）	埼玉県狭山市	狭山市市民会館 大ホール	44P
2月 8日（金）	長野県長野市	ホクト文化ホール 大ホール	76P
2月 9日（土）	石川県金沢市	本多の森ホール	68P
2月23日（土）	福岡県北九州市	アルモニーサンク北九州ソレイユホール	128P
2月24日（日）	大分県日田市	日田市民文化会館 「パトリア日田」大ホール	134P
3月 9日（土）	兵庫県加古川市	加古川市民会館 大ホール	102P
3月10日（日）	滋賀県彦根市	ひこね市文化プラザ グランドホール	94P
3月30日（土）	群馬県桐生市	桐生市市民文化会館 シルクホール	34P
4月13日（土）	山梨県甲府市	YCC 県民文化ホール 大ホール	72P
4月27日（土）	静岡県裾野市	裾野市民文化センター 大ホール	78P
4月29日（月）	神奈川県座間市	ハーモニーホール座間 大ホール	54P

公演日	都市	会場	掲載ページ
5月11日（土）	茨城県常陸太田市	常陸太田市パルティホール 大ホール	26P
5月12日（日）	栃木県栃木市	栃木市栃木文化会館 大ホール	30P
5月18日（土）	青森県青森市	リンクステーションホール青森（青森市文化会館）	12P
5月19日（日）	岩手県奥州市	奥州市文化会館（Zホール）大ホール	16P
6月15日（土）	大阪府大阪狭山市	大阪狭山市文化会館 SAYAKA ホール 大ホール	100P
6月16日（日）	愛知県豊橋市	アイプラザ豊橋 講堂	86P
6月28日（金）	富山県砺波市	砺波市文化会館 大ホール	64P
6月29日（土）	新潟県新潟市	新潟県民会館 大ホール	60P
7月15日（月）	千葉県館山市	千葉県南総文化ホール 大ホール	46P
9月 7日（土）	東京都立川市	たましん RISURU ホール 大ホール	52P
9月21日（土）	広島県三原市	三原市芸術文化センター ポポロ	114P
9月22日（日）	岡山県岡山市	岡山市民会館	110P
10月 5日（土）	東京都世田谷区	昭和女子大学 人見記念講堂	50P

公演日	都市	会場	掲載ページ
10月 6日(日)	東京都世田谷区	昭和女子大学 人見記念講堂	50P
10月14日(月)	兵庫県たつの市	たつの市総合文化会館 赤とんぼ文化ホール 大ホール	106P
10月19日(土)	愛知県名古屋市	愛知県芸術劇場 大ホール	90P
11月 2日(土)	徳島県鳴門市	鳴門市文化会館	118P
11月 3日(日)	愛媛県西条市	西条市総合文化会館 大ホール	122P
11月16日(土)	静岡県富士市	富士市文化会館 ロゼシアター 大ホール	82P
11月17日(日)	大阪府大阪市	NHK 大阪ホール	96P
11月29日(金)	群馬県富岡市	富岡市かぶら文化ホール	38P
12月 1日(日)	埼玉県熊谷市	熊谷文化創造館さくらめいと 太陽のホール	40P
12月 7日(土)	鹿児島県鹿児島市	鹿児島市民文化ホール 第一ホール	136P
12月 8日(日)	熊本県熊本市	熊本城ホール メインホール	130P
12月20日(金)	山形県鶴岡市	荘銀タクト鶴岡 (鶴岡市文化会館) 大ホール	22P
12月21日(土)	宮城県仙台市	仙台サンプラザホール	18P

森高 千里（もりたか ちさと）

1969年4月11日生まれ、熊本県出身。1986年、大塚製薬「第1回ポカリスエット・イメージガールコンテスト」でグランプリを受賞。1987年、映画『あいつに恋して』にヒロイン役で出演、主題歌『NEW SEASON』で歌手デビュー。『17才』『雨』『私がオバさんになっても』『渡良瀬橋』『気分爽快』『ララ サンシャイン』などヒット曲多数。1999年に結婚。一男一女の母。子育てを中心に活動を制限していたが、2012年、デビュー25周年を機にライブを再開。2019年には21年ぶりに全国ツアーを開催。テレビやラジオでも活躍している。 http://www.moritaka-chisato.com/

撮影　ⓒ（Food）
maru-nabe

コンサート写真　横山 翔平、塩谷 哲平、藤井マルセル（t-cube）（P2～9）
三浦憲治（ライトサム）（P50～51）
コンサートヘア&メイク　渡辺真由美（GON.）（P2～9、50～51、70、140）
森本淳子（GON.）（P50～51）
コンサート衣装　鈴江英夫（P2～9、50～51）
宇賀 愛（P70、140）

取材・文　石井絵里
MAP　地図屋もりそん
デザイン　村沢尚美（NDA）
テクニカルサポート　宮崎恭子（NDA）
校正　みね工房
編集　杉山奈小美

協力　株式会社アップフロントクリエイト

森高千里「この街」が大好きよ

2020年9月30日　第1刷発行

著　者　**森高千里**

発行人　萱島治子

発行所　株式会社 集英社

〒101-8050
東京都千代田区一ツ橋2-5-10

電　話　03-3230-6399（編集部）
03-3230-6080（読者係）
03-3230-6393（販売部・書店専用）

印　刷　凸版印刷株式会社

製　本　加藤製本株式会社

ISBN 978-4-08-333165-7　C0026
定価はカバーに表示してあります。